붉은 사막의 노래

박달하 시인은 2018년 ≪리토피아≫로 등단했으며 시집으로 『사립문을 열다』가 있다. 리토피아문학회 회원이며 막비시동인으로 활동하고 있다.

e메일 : 3709park@naver.com

리토피아포에지 · 140
붉은 사막의 노래

인쇄 2023. 2. 23 발행 2023. 2. 28
지은이 박달하 펴낸이 정기옥
펴낸곳 리토피아
출판등록 2006. 6. 15. 제2006-12호
주소 21315 인천시 부평구 평천로255번길 13, 903호
전화 032-883-5356 전송032-891-5356
홈페이지 www.litopia21.com 전자우편 litopia@hanmail.net

ISBN-978-89-6412-175-7 03810

값 10,000원

박달하 시집

붉은 사막의 노래

LITERATURE & UTOPIA

시인의 말

무딘 마음으로는
담을 것이 없다는 것을 알았다.

내 안의 나를 예리하게 들추어
담아둘 방 하나쯤 장만해야 했다.

뜨겁게 건져낸 우정, 사랑, 세월을
그 방에서 맛있게 먹으리라.

2022년 12월
박달하

차례

제2부

제3부

제4부

| 제1부 |

아버지의 탱자나무 울타리

아버지는 탱자나무 묘목으로 담장을 두르셨다
사철 눈도 껌벅이지 않고 오장육부 다스리려는,
서슬 퍼런 가지 물들이지 않고 제자리 지키려는,
가시발톱 세우고 뜬눈으로 밤을 세우곤 하는,
허리 못 세우고 엉겨붙어 떨어질 줄 모르는,
아버지는 자식들의 이름을 불러주고 싶은 거야.
우주를 비행하던 열매는 짙은 향내로 아침을 맞는다.
담장으로 돌아온 탱자향기 아버지의 심장에 박힌다.

풀들의 모가지

다다닥 풀 깎는 기계소리에 온종일 정원이 바쁘다.
꽃이 무에 중하길래 잘 자라는 풀들이 잘려나간다.
밤새 달빛에 홀린 풀들은 정신없이 흔들리던 중이다.
덤으로도 못받은 이름이라 풀들은 쉽사리 잊혀지지만,
모가지를 댕강 쳐내도 오기 단단한 뿌리는 옹골차다.

안경의 철학

왼쪽 렌즈만 닦으니 보이는 건 자작나무숲의 손짓이다.
오른쪽 렌즈만 닦으니 보이는 건 한겨울 서릿발이다.
왼쪽렌즈만 닦으니 보이는 건 고양이의 발톱이다.
오른쪽 렌즈만 닦으니 보이는 건 강아지 콧등이다.

안경을 벗으니 보이는 건 네 눈동자 속의 바다이다.
안경을 닦으니 별 안에 가두어둔 청춘이 살아난다.
눈을 감으면 숲내음을 풍기는 추억의 보따리가 가득,
이왕 걷는 길이라 몽돌 웃는 해변을 달그락거려 본다.

단풍

내가 너에게 간 게 아니었어
너가 나에게 쳐들어 온 거야.
등뼈까지 물들이느라 입술 부르트고 살점이 떨어졌구나.

보이지 않았어
요란하게 피는 꽃만 보고 향기만 마셔댔어.
오장까지 물들이느라 구멍이 난 너의 가슴은 보질 못했어.

네 피가 거꾸로 서고 들이마신 독백이 산마루에 걸렸구나.
끝이 아니라 시작이었어
불을 들이마신 너의 노래였구나.

어머니의 기억

어머니가 광 깊숙이에서 잠자던 콩자루를 꺼내신다.
볕 좋은 한낮 지난 씨앗들을 멍석 위에 쏟아붓는다.
긴 잠에서 깨어난 콩들이 통통 뛰며 마당을 누빈다.
묵은 기억들을 툴툴 털어내며 햇살에 바짝 말리면,
온몸이 뜨겁게 타는 숨은 목숨들이 멍석 위에 튄다.
콩깍지에 씌웠던 날들이 마당 곳곳에 굴러다니고,
어머니는 콩알들 거두어 논두렁 밭두렁에 심으신다.

바람이 머리카락을 푼다

봄꽃에 물든 버선을 신고 길 떠났던 바람이 문살을 흔든다.
문풍지 두드리는 꽃가루가 햇살 담은 보자기 풀어놓으며,
뜨락 가득한 낮달 엿보다 제 색깔 드러내며 배시시 웃는다.

마당 끝에 자리 잡은 자유로운 인생들이 천지를 들쑤시며,
한사코 다가와 눈에 귀에 코에 안기며 속이야기 풀어낸다.
방탄조끼 푼 나무들도 바람의 머리카락에 휘감기고 있다.

손의 오기

물속에 담근 손 문득 바라보니
질서 잃은 등나무 줄기다.

비밀스러운 속살 사라지고
바람과 비와 놀다 온 뒤끝이다.

그래도 혹여 숱한 그림 그리다
부서진 십자가를 찾아본다.

파랑새 선물

새벽잠에 뒤척일 때
'하무니' 하면서 방문을 두드린다.

손가락 날개를 펴며
'두사아ㄹ' 하면서 눈부터 웃는다.

내 살 나누어준 딸이
제 살 나눈 파랑새 데리고 왔다.

아버지의 바다

마수걸이 천 원짜리 지폐에 침을 바른다.

바다에서 달려온 비릿한 바람이 묻는다.

반짝거리는 갈치 비늘이 따라서 들러붙는다.

올망졸망한 아이들이 알사탕 물고 웃는다.

날개 떨어진 말

앞뒤 날개 떼고 나면 남은 말은 어떻게 날아가나.

지나가는 번개가 홀랑 삼켰다가 태평양에 뿌리네.

세금도 없고 녹슬지도 않는 말의 풍광이 펼쳐지네.

떨어진 날개 찾으며 방황하는
말이 허공에서 헤매네.

속초에서

수평선 토막이 난 가슴 속에도 숱한 세상살이 숨어있다.

가슴 아래 멍든 파도 딛고
가슴 위로 타오르는 핏덩어리,

깊이도 넓이도 높이도 알 수 없는 방에서 몸살 터진다.

바다의 빛깔

바다는 어떤 빛을 갖고 싶었을까.

달빛에 따라 출렁이는 호박보석일까,

햇살에 부딪힌 파도는 별을 쏟아 내고

가지고픈 빛깔 많아 한없이 깊다.

친구

사이의 강물이 서로 울림이 되어 흐른다.
나무와 나무 사이 바람이 지나는 사잇길
햇살과 햇살 사이 속삭이며 지나는 사잇길
진작에 몰랐네 서로 엉키면 생채기가 나지.
나무와 나무 사이 쑥쑥 자라는 마음들이
나비처럼 바람처럼 춤을 추며 넘실거리네.

꽃잎 청춘

한여름 소나기와 같이 꽃잎이 아프다.
꽃술 보이며 모양새를 다듬어 웃는다.

눈길 잡았던 짧은 순간은 그냥 가고,
남은 몸은 무한한 허공으로 날아간다.

흔들리는 마음 다듬어 재회를 기다리며
오지 않을 어제를 꽃잎 위에 내려놓는다.

자두를 딴다

태양과 만나는 녀석은 빠알간 빛으로 물든다.
대지와 눈 맞추는 녀석은 아직도 푸른빛이다.

인생의 지침을 먼 곳에서 찾으려 하지 마라.
볼 줄 알고 느낄 줄 아는 마음만 있으면 된다.

늘 함께 숨 쉬는 태양과 대지의 포옹만으로도
충분히 깨어있는 삶의 주인공이 될 수 있다.

한 곳으로 치우치지 않는 조화가 거기에 있다.
강렬한 태양과 차분한 대지는 환상 궁합이다.

별이고 노을인

툇마루에 홀로 앉아 너의 흘러간 이야기를 읽는다.

해지는 골목길에서 타는 노을을 바라보고 싶었다.
때로는 함께 별을 헤며 찻잔을 마주하고도 싶었다.

툇마루에 앉아 별이 되고 노을이 된
너를 헤아린다.

길과 전언

길을 통해 길을 본다.

걷는 길 통째로 들고 길을 묻는다.

길을 통해 길을 간다.

걷는 길 저쯤에 그대 있다는 전언을 듣는다.

작별

꽃들은 어머니 가슴에 안겨 있다가
세상 밖으로 활짝 피어 웃는 것이지만,

시들어 지는 날의 작별은 어찌할 거나.
꽃숲에 젖는 이슬은 새벽마다
강이 된다.

숲의 얼굴

늘 곁에 있어도 까마득히 잊고 산다.

아지랑이 피우며 봄 편지를 보내오던
연둣빛 계절을 건너오며 무성한 잎새들이
미물을 끌어안던 넉넉한 품이었지.

배부른 청설모와 고라니가 밟고 간 흔적이
아파도 숲의 질서는 뜬눈으로 밤을 지켰다.

바람이 있고 달이 있고 새소리 있어.
그저 친구처럼 믿고 산다.

서 있으면

가끔 쉼표를 찍고 다만 서 있을 때가 있다.

일체가 고요해지면 가슴은 뜨거워진다.

뒤로 물러서지 않아도 날들은 가고 있다.

뒤를 돌아보지 않는 날들 속에 나를 묻는다.

서 있으면 앞서가는 뒷모습들이 보인다.

선명히 각인된 발자욱을 따라나선다

지는 꽃잎

한여름 태양이 심한 몸살에 뜬눈을 세우더니
거친 바람을 몰고와 모가지가 통째 떨어지는
동백꽃의 몸짓들이 미련을 떨구며 운다

다시 꽃이 되고 싶다
한철 한껏 피고 싶다.
피는 시절에도 지는 시절에도 꽃은 꽃이다.

| 제2부 |

늙은 소나무

늙은 소나무의 자존심은 거친 당당함이다.
온몸을 감싸고 있는 껍질 갈갈이 갈라지고
등허리 굽은 채 세상을 짊어지고 서있어도,
근엄한 매무새는 푸른 하늘 찌르고 남는다.

바다

달구어졌던 가슴도 일몰이 지면 문득 토막이 나고,
조각 난 가슴이 달그림자 차갑게 흔들며 간다.

물바람 육중한 파도를 던지며 미지의 세계는 열리네.
온 무게를 싣고오는 밀물이었다가
어느새 썰물이 되어 먼 길을 떠나니,

밀려날 듯 멈추어 설 듯
꿈은 바다의 그림자가 되네.

조락凋落

한 잎이 떨어지고 또 한 잎이 몸을 기대어 온다.
청춘의 열정과 자지러지던 포옹이 떨어지는 소리.

잔바람에도 온몸이 요동을 치는
작은 새들의 놀이터가 된 지 수일.

낙엽은 고요한데 먼 곳으로 비상했던 새들의 꿈이
돌아와 푸른 젓가락으로 맛있는 노래를
먹고 있다.

잉꼬부부

칠순 잉꼬부부가 모처럼 여행 중이다.

잉꼬부부라더니 엥꼬 난 트럭이라고 놀린다.

잉꼬부부 아니라 앙꼬 찬 붕어빵 부부냐고 묻는다.

무엇이라 놀린 듯 무어 그리 중할까마는

왼발 오른발 발 맞추어 걸어가는 길가에
할미꽃 핀다.

변화의 시작

긴 머리 휘날리던 수양버들 가지들이 잘려 나간다.
가위를 피할 수 없는 추억이 실타래가 되어 쌓인다.

올해도 변함없이 가지는 차고 넘치도록 뻗어나갈 것이다.
저토록 허무하게 잘려도
그 이상으로 자라는
생명의 우주.

비를 숨기다

빗물이 나무의 기억을 슬금슬금 갉아먹으면
숨을 곳 없는 새들은 나무의 품속으로 파고든다.

나무의 깊은 골 파들어가는 새들의 부리가 뜨겁다.
낡은 흑백사진들이 젖은 나뭇잎 사이에 끼워진다.

비는 나무의 생채기를 부드러운 손으로 어루만지고
뿌리가 머문 깊은 자리에 은하의 화석을 심어두고 싶어.

헤진 자리 물기 마른 자리에 햇살도 거두어 모으고
천년비를 채워줄 나이테의 깊고 깊은
입구를 연다.

춤추는 바다

어제를 집어삼킨 바다가 붉은 석양을 토해낸다.
들숨을 먹어치우고 물든 내장을 밀어내며 춤춘다.
한 시절 그리던 포만의 출렁임이 하늘을 나른다.

추억을 뒤척이는 물살 사이엔 불면의 파문이 인다.
소용돌이를 고루 품은 바다가 물구나무를 얼마나 서야,
세상은 평온에 빛나는 얼굴로 맑은 미소를 지을까?

동쪽을 연모하는 바다는 뱃머리를 돌리며
힘찬 항해가 시작된다.

저무는 가을

허공에 기댄 몸짓 하나 떨구고 마른기침 길가에 서성일 때,
손가락 사이로 빠지는 해의 그림자를 보며
침묵이 부서진다.

공기 속으로 증발한 청춘의 날개를 가실 속으로 접으며,

마음 한 자락 동여매고 지난 얘기에 해지는 줄을 모른다.

색동꽃 하나씩 손에 들고 골목길에 모인
낙엽이라는 이름표.

파꽃

하얀 뿌리 보이기 싫어 땅속으로 발을 묻었다.
밤새 두근거리는 심장이 지심을 향해 파고든다.

새벽닭이 꼭꼭 쪼아대며 부르니 발가락을 펼친다.
푸른 손수건 날리며 기지개를 펴고 하늘을 나른다.

푸릇푸릇한 근육의 약속에 몽글몽글한 꽃이 핀다.
햇살 아래 슬픔 밀어내고 어여머리
왕관을 쓴다.

서리 내린 들판

어깨를 들쑤시는 바늘의 손놀림이 이곳저곳을 드나든다.
천지를 휘휘 저어다니는 바람이 휩쓸고 가는 맛인가 보다.
허허벌판에 홀로 선 소나무의 살갗을
파내는 바람처럼.

검은 서리 들녘을 누비니 지난여름 열정이 송알송알하다.
들녘 고요가 대지의 낮잠을 깨우니 손마디가 욱신거린다.
한바탕 눈바람 되어 검은서리 뭉개며
사방을 기웃거린다.

삶에 이유를 붙인 날

기억을 뒤적이다가 장롱 구석에 웅크린 가방을 연다.
구식이지만 다시 이야기가 살아나 보송보송 일어난다.
내 안의 나를 불러내어 꼭꼭 여몄던
단추를 푼다.

우체통 앞에서 별을 기다리다가 처연하게 넘던 고갯마루,
불 밝히며 꿈을 키웠던 청춘이 살아있는 낡은 가방이다.
손때 묻은 세월만큼 더욱 단단해진
나를 읽어본다.

동창 모임

혼자가 된 영자가 울었던 골목에는 달도 안 떴다네.
복자가 울었던 골목에는 가로등도 초생달 같았다네
순자가 울었던 골목에는 바람 섞인 비만 쏟아졌다네.

술잔을 부딪치는 반백년의 울림이
천장을 떠다니네.

달그림자 안아다가 별 한 점 떠다가 향기와 섞는다.
얼굴 주름 사이로 자둣빛 스민 순자가 청첩장을 돌리고,
꽃잎처럼 터지는 헌 주머니들 밤새 털어내느라 지친다.

길 위에 떠 있는 추억

햇살에 물든 가슴 펴고 나리꽃이 초록 능선에서 흔들리고,
소쩍새가 물고오는 기억이 붉은 가슴에 박혀든 점이 된다.

바람 스치는 꽃잎의 명치끝에는 그리움이 붉게 타오르고,

너의 기억을 심어둔 길 위에는 아직 여름을 보내지 못했다.
뙤약볕에 타들어가는 너의 흔적을
영 보낼 수가 없구나.

참꽃이 앉는다

꽃잎이 내려앉는다.
봄이 온다 봄의 열쇠를 푼다.
나무 사이 비집고 들어가 몸을 연다.
입술을 열어주면 봄이 들어온다.
붉은 열정이 몸을 태운다.

나무의 갑옷은 아직도 시리지만,
나무의 울음은 꽃의 울음이다.
나무의 웃음은 꽃의 미소다.

삐쭉 올라와 구름을 잡는 소풍길,
꽃들은 평생 볼이 빨갛다.

고드름

창문을 채워둔 열쇠를 찾는 사이 문틈이 열렸구나.
생활이란 이름으로 굴절된 그림자만 쪼아먹었구나.

아침 햇살에 눈이 부셔 커텐을 열어젖히지 못했어.
동녘 기슭 타고오는 햇살을 따라
사라지는 고드름.

퇴근하는 지하철

빛의 자맥질을 따라나선 언어들의 날개가 축 처졌다.
담금질에 익숙했던 하루가 긴 철길에 줄서기를 한다.

개미의 엉덩이가 뒤엉킨 소리들이 보따리를 싸매면,
빛의 속도로 열리는 승강기의 악수소리로 분주하다.

톱니바퀴가 어긋나 철공소로 택배보낸 우체부가 서있다.
아스팔트 냄새에 역해진 곳속을 풀어내는 밤이 밀려온다.

하늘에서 봄이 핀다

비행기 미끄러지는 하늘에 선명한 바퀴자국이 드러난다.
그물 걷어올린 구름이 기억을 종종걸음 하며 여행 떠나고,
저장된 언어들이 동강 난 하늘 속에서 바다를 건져올린다.

화석 손자국을 꺼내던 바다가 하늘하늘 속내를 집는다.
뾰족한 날 새운 바람은 차가운 질투를 먹구름에 뿌리고,
기다림을 부채질하는 햇빛 사이로 발그레한 뺨이 핀다.

봄 햇살이 곁으로 내려와 살포시
손을 잡는다.

사이로 오는 봄

눈이 내린 산길이 골짜기를 빙 돈다.
사그락거리는 발걸음이 귀를 잡고
숲의 곰살이 세포 사이로 파고든다.

발가벗은 진달래꽃 가지 사이로 햇살이 콧등을 비비고,
단추를 푼 대지 사이로 봉긋한 가슴들이 부풀어 올라,
키 큰 나무 양탄자를 깔아두고 진달래의 귀환을 기다린다.

혼자 서있는 나무의 온 마음에 태양이 손수건을 흔든다.
홀로와 홀로 사이 막무가내인 봄의 얼굴이
밀고 들어온다.

꽃들은

꽃들이 꼬리를 흔든다.
꽃들의 코끝이 찌르르하다.
폴폴 취한 바람이 꽃 속으로 들이닥친다.

바람은 해적이 되어 꽃들을 강탈한다.
꽃들은 총칼 없이도 쉽사리 점령당한다.
봄볕의 오라를 받아도 그저 파르르 떤다.

선량한 자세로 손에 손 잡고 산등성이 오른다.
부드러운 숲을 유영하는 새들의 노래
쫓아간다.

이슬의 노래

이슬이 이슬일 때까지 밤은 출렁였다.
이슬이 이슬일 때까지 밤은 밤다웠다.
이슬이 이슬일 때까지 밤은 고통스러웠다.

이슬이 이슬일 때까지 밤은 향기로웠다.
아침이 오면 순식간에 사라지는 고통과 향기,
맡으며 세상은 또 하루의 시작을 열고 있다.

이슬의 맑은 얼굴 속에 숨어있는 가난,
이슬의 투명한 눈 속에 숨어있는 어둠,
이슬의 아름다운 손바닥 안에 묻어있는 우주,
모두 순식간에 사라지면 비로소 아침은 온다.

깨알글씨로 연서를 쓰는 가지에서
꽃잎이 톡톡 일어나고,
산은 닫아둔 입술을 열어 이슬을 정제한다.
뿌리를 깊게 박고 단내를 폴폴 풍기는 잔치 중이다.

독백

귀가 따라가는 대로 눈에 보이는 대로 읽는 것은
스스로 만들어 놓은 덫이라 함정에 빠트리곤 한다.

머리에서 발끝까지 흐르는 혈류를 따라간다.
뛰는 심장을 따라가고 마음 흐르는
길을 따라간다.

바위의 고백을 훔치기 위해
가지 않아도 되는 광야를 따라나선다.

백일홍

가끔 뒷통수에도 안경을 쓴다.
지나간 시절이 꽁무니를 따라온다.

도토리 투둑 떨어지는 소리가
고요를 깨우고 심장으로 치고 들어오는,
너의 뜨거운 입김이 길을 채우고

신발 앞코를 바라보는 눈길에
붉은 백일홍 가슴 열어젖힌다.

| 제3부 |

논골담길에 앉아서

—묵호등대

거미가 집을 짓는 중국집 간판 아래 주방장이 졸고 있고,
언덕배기집 노인이 지팡이에 턱을 괴고 자장면을 찾는다.
봉창 찢고 들어온 바닷바람에 노인의 주름이 주저앉는다.

바다는 절룩거리는 관절을 파도 속으로 끌고 가고,
노인의 땀은 만선 깃발에 젖어 후두둑 허공을 난다.
화덕에 불 피우는 아내의 부채가 어느새 넉넉해진다.

길들과 만나고 헤어지는 바다는 세상의 길들로 출렁인다.
길에 길을 내어주는 바다는 파도가 되어 미지를 노래한다.
아직 자장면은 오지 않고 노인의 독백은
노을 속에 잠긴다.

아직도 봄은 오지 않는다

지난겨울 빙판길에 파고든 선명한 자동차 바퀴처럼,
내 안의 깊숙한 자국에는 아직도 봄이 오지 않았다.

신방을 차리지 않은 벌의 질투는 아직도 진행 중이다.

꽃은 피어야만 꽃인 것을 잊었다.
벌은 피지 않은 희망을 늦추어 즐기는 심술쟁이다.

깊은 나뭇가지 속살에 걸린 철학을 읽는 중이다.
꽃이 피었다가 금방 지고 말 슬픔을
늦추고 싶은 것이다.

겨울나무의 기도

어리광 부리며 콧물 닦는 나무들아,
파란 눈동자가 내 심장에 박힌 나무들아,
콧등 비비고 눈 마주치고 맨살 만지지 않아도,
새살들이 농익은 햇살로 물들어갈 때까지,
너를 놓아주기 어려워.

칼바람이 볼을 빨갛게 태워도,
성큼성큼 걸을 수 있다는 걸 눈치채고도,
산과 들을 누비며 흙먼지를 뒤집어쓴다 해도,
너를 태워 빛나는 꽃 피우리란 걸 알아챈 거야.

겨울이 나를 붙잡고 시베리아 벌판에 세운다 해도,
걱정 말거라 너를 안아주는 꿈을
달빛 속에 묻어둘 거야.

여행자

사는 일이 여행이라고 한다면
살다가 떠나는 일은 당연히 여행자의 반란이다.

반란자는 지구를 돌면서 시간을 거꾸로 돌리게 된다.
거꾸로 도는 초침 분침 사이에서
이방인들은 튀어나온다.

낯선 땅 낯선 풍경이 주는 경이로움은
거꾸로 도는 세계에서 맛보는 특별한 감동이다.

무엇으로 웃을까 무엇으로 울까 사이에도 시간은 흐르고,
스쳐가는 눈동자 스친 눈동자들이
그 사이에서 따뜻하다.

길을 걷기만 하면

길은 길을 내어준다.
분노의 발자국 지워주고 고독한 마음도 안아준다.
언제나 맞이하면서 언제나 그 자리에 있다.

길을 볼 줄 아는 이는 스승이 되기도 하고,
마음에 등불을 달아주는 어머니가 되기도 한다.

번뇌를 주기도 하고 답을 주기도 한다.
길을 걷기만 하면 모두 경험하게 된다.

코스모스

가을 햇살을 잡아당겨 무릎에 앉힌
너를 사랑하면 나를 사랑하게 된다.

하늘하늘 흔들면 하늘하늘 춤을 추는
너의 가는 팔도 어김없이
햇살이 된다.

시계

매마른 흙벽을 타고 도는 무위의 순간들이
어제의 어깨 위에서 다시
오늘을 밀어낸다.

또각또각 걸어가는 너는 스쳐가는
여인 같다.

봄나무들

가슴이 뜨거운 나무의 봄은 찬란하다.
몸속 수액을 덜어내면서 생기는 변화다.

마침내 신비로운 꽃잎 열어 향기 날린다.

잎새를 키워 눈부신 싱그러움도 쏟아낸다.
그늘 아래 한낮의 노곤함도 졸고 있다.

붉은 사막의 노래

굴곡진 언어들의 유희가 사막의 모래바람을 탄다.
붉은 노래가 되어 흐르는 너의 노래가
파도 소리보다 더 깊은 절규로 섬이 되었지.
연민과 우정과 사랑의 혼동이 회오리가 되었지.

사막은 무엇이었을까,
파도는 무엇이었을까,

너를 보면 거친 파도가 밀려오곤 했었지.
사막이 된 가슴으로 모래바람 삼켜도 울지 않았어.
넌 바다를 품은 듯했지만 적막이 흘렀지.
너의 심장으로 흐르는 투사의 창이 슬펐지.
오아시스를 찾아 떠나는 그 길에
나침판을 던진다.

가을 단풍

이슬에 흠뻑 적신 아침은 별처럼 빛나지만,
햇살에 육신 아낌없이 내주며 심장을 태우지만,
붉은 단풍잎들도 실은 제 몸을 흔들어대는
바람의 향내가 너무 진하여 밤새 고단하다.

단풍 천지 겨울의 입구에는
적막이 서성인다.

갑옷과 투구

사람들은 해가 뜨면 갑옷과 투구를 걸치고
지하철을 탄다.

꾸물꾸물 터널 따라 전동차는 어둠 속으로
덜컹이며 간다.

어느샌가,
갑옷과 투구를 벗은 지하철 풍경 속엔
땅거미를 몰고 온,

군고구마가 한 아름
실려 있다.

아이에게

언 넘이 널 글케 괴롭혔노?
내는 아이다! 나는 늘 네 옆에 있어!

너가 위태위태할수록 나는
네 빛나는 보석이
되고 싶다.

습관의 노예

여명이 열리는 즘에 냉수 한 잔으로 정신을 깨운다.
아메리카노를 마시며 고요한 시간에 나를 묻어둔다.

행복한 이유를 창문을 두드리는 작은 새에게 묻는다.
새가 날아가는 하늘 가운데 꿈을 심으면 딸 수 있다고
날갯짓을 한다.

질곡의 끈을 풀고 새들의 날개에 나를 묶어보는
아침.

행복의 부피

먼 곳을 바라보는 꿈을 당분간 짱박아 두기로 했다.
순간 스치는 풀 향기를 붙잡아 사랑하기로 했다.

소소한 것에 감동하는 삶도 멋진 삶이라고 하더라.

길가에 핀 작은 꽃의 향기에 코끝과 밀착하기로 했다.
감동과 행복의 부피도 한 겹 한 겹
쌓여갈 것이니.

헐벗은 숲

가득 찬 숲을 바라보는 것보다 헐벗은 숲이 좋다.
여백이 있는 발가벗은 나무들의 질서를 사랑한다.

사람들의 빈 모습에 더 끌리는 것도 같은 이치다.
삶이란 것은 채워질 때보다 비어있을 때가 더 많다.

애잔해지는 너에게 나의 옷을 입혀 보기로 했다.

우리들의 나이테

차곡차곡 쌓인 날들이 너와 나야.
너와 내가 맞은 눈도 같은 눈이었어.

우리는 같은 우산 아래 있었잖아.
나무의 나이테는 볼 수가 없지만,
너와 나의 나이테는 볼 수가 있어.

별똥별 떨어지는 밤하늘을 바라보다 보면,
그 사이에 우리의 나이테 하나
그려진 거야.

나의 허수아비

가을걷이 준비하는 들판에 황금이 물결친다.
그 가운데 허수아비 성큼 두 팔을 벌리고 있다.

허공을 배회하던 새들이 허수아비 잔등에 앉는다.

나의 허수아비를 찾는 여정은 아직 골목길에 있지만,
햇살이 지나가는 자리에 무수한 황금꽃이
씨앗을 물고 있다.

정자나무

정자나무 아래 평상이 오래도록 친구를 기다린다.
열댓 명이 앉고도 남을 평상엔 그늘막이 필요 없다.
휘어진 가지는 한 폭 그림이다.

날이면 날마다 평상에 모여앉아 이야기보따리를 풀었다.
걸터앉았던 가지 나이테를 키운 나무는
어머니 품이었다.

거목의 아침

슬픔을 통해 아름다워진다는 걸
아침은 노래한다.

거목을 넘어뜨리는 바람의 힘을 보고 난
이후이다.

아침은 엉킨 가지를 풀어 마음들을
포개어 놓는다.

목백일홍

꽃과 꽃 사이를 듣는다.
이파리와 이파리 사이를 읽는다.
붉은 바람은 사이로 불어와 나를 건드린다.

꽃이 보이고 이파리 보이면 사이는 열린다.
날리는 가시 한 톨 벌레 먹은 이파리를 뚫고,
돋보기를 통과하는 목백일홍의
붉은 속삭임.

오월의 가슴

가슴이 떨리는 것은 손바닥을 치는 푸른 바람 때문이다.
아카시아 향이 손가락 사이로 빠져나갈까 봐 주먹을 쥔다.

청춘의 함성은 진동하고 저 달을 잡고 싶은 간절한 뜨락,

커피는 왜 바닥을 숨길까 검디검은 빛깔은 무엇을 말할까,
살 떨리는 오월의 침공에 질문을 던지고
답을 기다린다.

엄마의 부뚜막

오른손으로 밥숟가락 허겁지겁 채우다보니,
왼손으로도 안아주는 것에 익숙하지 못했다.

들썩이는 어깨에 손을 올려줄
여유가 없었다.

| 제4부 |

별이 떨어지는 아버지의 평상

밤하늘의 별들이 마실 나오니 가로등이 마중 나온다.
잔치가 벌어진 허공은 사방을 열고 춤사위 가득하다.
기억을 풀어헤친 별들이 꽃들의 전설을 이야기한다.

낯선 골목길 날 선 담장 위에 앉아있는 검은 고양이는
어둠 속으로 떨어져내리는 별들을 향해 앞발을 세우고,
순백으로 핀 자두꽃도 별들을 받아내며 밤을 지샌다.

마당에 평상을 펴는 아버지의 기침소리는
매번 거칠었다.

독과 꿀이 함께 흐르는

호수에 빠진 달이 퍼올린 이슬이 풀잎을 적신다.
지나가던 독사가 목을 적시고 혀를 날름거리면,
독사의 독에 취한 이슬이 햇살에 제 몸 태운다.

집을 지키던 벌들의 노래가 아침을 마중 나온다.
풀잎별을 따먹은 벌들이 민들레의 전설을 듣는다.
전설을 풀어내는 민들레의 지순한 이야기 듣는다.

꿀맛에 취한 독사의 혓바닥이 온종일 날름거린다.
독과 꿀이 함께 흐르는 길에
뜨거운 강이 흐른다.

오월이라는 그놈

그놈이 왔다
그놈이 오자 사월에 만난 여자가 울었다.
하늘과 땅 사이에 꽃길을 만드는 새로운 신이 나타났다.

천 가지의 숨들을 깨우고
만 가지의 무지개들을 피운다.

손가락 모두 펼치고 구름을 타고 떠나는 길에 동행한다.
새들이 부르는 노래에 장단을 맞추는 꽃들의 날갯짓이다.

하얀 목련꽃에 먹물을 뿌리며 오월이라는
그놈이 왔다.

꽃으로 피는 일

목련이 피었다 라일락도 피었다
저 혼자 피었다 아니다.
밤새 시궁창의 신음소리가 창문 틈으로 끼어들어 왔죠.

자물쇠를 풀지 못해 안으로 상처를 닦아내던
몸짓만 봤죠.
꽃으로 피는 것이 오장육부 떨리는 것이라는 것을
몰랐죠.

텃밭은 어머니의 대장간이다

시골집 텃밭에는
대장장이가 된 어머니의 불길이 산다.
척박한 땅에 끈질기게 씨앗을 뿌리는 어머니의 불꽃,
호미날의 꺼지지 않는 땀방울도 어머니의 불로 섞인다.

텃밭에 심겨진 어머니의 불덩어리는 햇볕조차 녹이니,
텃밭은 자식들이 불처럼 살아나는
어머니의 대장간이다.

사월의 나무들

메워지지 않는 사이를 잎사귀로 채우는 사월이다.
그러나 잎사귀로도 좀체 가려지지 않는 홀로이다.
잎들은 미세하게 흔들려 잔잔한 바람길을 만든다.

오시는 길마다 그늘이 되도록 알뜰하게 배려한다.
새들도 이를 등대 삼아 하늘길을 종일 돌아다니니,
홀로이면서도 홀로가 아닌 나무들은
푸르디푸르다.

양철지붕 빗소리

양철지붕이 소낙비를 삼키면 추억의 영혼이
돌아온다.

녹슨 양철지붕이 노인의 이마에 깊은 골을
파고 있다.

부추전에 막걸리를 마시던 정감이 낡은 기억을
더듬어

골을 따라 흐르는 비의 무게가 무거워 땅이
패인다.

훔쳐간 자두의 꿈

푸른 잎 사이를 비집고 불그런 볼이 햇살을 먹는다.
주먹을 쥐고 손가락 마디마다 태양의 기운을 안는다.

무르익어 불이 된 가슴 태우기도 전에
모가지를 비틀고 마는 태풍놈의 심술은 무어냐.

발작을 하는 한여름 심술에 볼연지를 지우고 만다.
여름에서 여름으로 떠도는
나그네의 악취미인가

우리동네 정자나무

새들이 어제를 물어와 그늘 아래 모였다.
수다가 요란한 새들끼리 가지 위에 발을 모았다.
어린 새는 입만 벌리고 어미새의
뾰족한 입도 씩씩한 날개도 분주하다.
밥상머리 둘러앉은 식솔들을 바라보는 아버지의 눈이다.
새들이 나무의 거친 어깨를 두드려도 무뚝뚝한
나무의 속내는 당최 입을 열지 않는다.
나무를 둘러싼 아침안개가 걷히니
갑옷을 걸친 아버지가 팔을 벌리고 서 있다.
따뜻한 외투를 준비하기 위해 하늘을 향한
아버지의 침묵이 아름드리 나무가 되어 있다.

가을이 날개를 달았다

말을 해야 말인가.
햇살로 물들인 잎새들이
물기 마른 소리를 내며 허공에 난다.

그날의 공기는 달콤했어.
그날의 바람은 시어머니의 눈초리었어.
그날의 태양은 심장을 관통하여
불이 나는 줄 알았어.

노란색 빨간색 낙엽들의 이야기가 가을을 피운다.
로맨틱한 영화 한 편이 그림이 되어 돌아온
가을이란 눈부신 세계가 침묵하는 배경에 새들이
한바탕 소리를 내며 웃는다.

낙엽의 숨소리

나무를 떠난 도토리들이 신발끈을 묶고
바람이 부르자마자 골목으로 뛰어나간다.

바람은 도토리들을 구석으로 몰고 가고,
낙엽이 굴러가는 소리에는 가을이 담겨있다.

골목길은 따뜻한 양탄자가 되어주며
다가올 겨울을 이기도록 가슴 깊이 안아준다.

먼 길 떠나는 아들을 챙기는 어머니이다.
맨살로 요긴한 보따리가 되어주는 것이다.

골목에 모여든 낙엽들의 숨소리, 마음은 벌써
봄이다.

몸살 난 가슴

시간이 지날수록 나이도 빨갛게 물이 든다.
물이 들다가 문득문득 잠이 든다.

이제 방 하나 비워둔다.
구멍이 난 봉창 틈으로 새들이 바람을 물어온다.
새들이 노을을 물어온다.
새들이 어둠을 물어온다.

파도 타는 도시의 불빛들을 떠나보낸다.
아궁이 솔가지 타는 소리가 밤을 깨운다.
아랫목 광목 이불 속에서 몸살 난
가슴을 재운다.

수건을 말리다

빨랫줄에 걸어둔 수건이 춤을 춘다.
젖은 땀방울이 하나둘 허공으로 흩어진다.

가득했던 노동의 흔적은 햇살이 가져가고
대신 마른 자리에 보송보송한
꽃이 핀다

순백의 꽃으로 피어 뜨락을 물들인다.

고장 난 무릎

빵을 찾아 떠나기도 하고 돌아오기도 하는,
수천 사람들의 틈에서 미로 같은 골목들에서
수만 계단을 오르기도 하고 내려가기도 했지.

이제는 무릎을 꿇으라는 경고장이 날라왔다.
지나온 세월들이 묵은 먼지를 털어내라 한다.
고장 난 언어들이 무릎 사이에서
삐걱거린다.

빈속의 새벽

흔들리는 것이 골목을 급하게 휘도는 바람뿐인가.
갈짓자로 걷는 남자가 대로를 흔들리며 누빈다.

가난한 정신을 위장한 네온싸인 파도를 타다가,
빈속의 새벽은 다시 냉수 들이키며
하루를 연다.

여름이여, 안녕

초록과 작별을 하기 전에 우리는 만나야 해요.
싱싱한 잎사귀로 만든 서로의 왕관을 씌워야지요.

푸르름을 삼키는 독사의 혀는 끝없이 날름거립니다.
그대 오시면 뒤통수의 검은 안경알도
닦아드리지요.

왼손잡이의 속사정

몸은 왼쪽으로 향하는데
사람들은 오른쪽으로 가라 하네.
방향감각이 없는 것도 아닌데 발걸음이 우왕좌왕하네.

정상 앞에서 목젖까지
숨이 차면 바위방석 위에 앉아 쉬지.
둘러보아도 오른쪽만 길이네 내 몸은 왼쪽으로 향하는데.

6월의 장미

네 거친 삶은 치열한 핏빛으로 절규하고,
독기 실은 가시로 세상을 당당하게 응징하지만,

그 꽃에도 가시에도 나비는 사뿐히
걸터앉네.

고목의 가슴

줄지어 선 고목들 사이에 나무의 내장이 널브러져 있다.
패인 가슴 중심을 잃고 비스듬한 모습이 흡사 노인이다.

살아갈수록 가슴은 비어간다.
살아갈수록 바람은 태풍이다.
살아갈수록 어둠은 동굴을 만든다.

빈 가슴 마른 우물이 이제 서서히 지상으로
올라온다.

겨울나무와 새

허공을 붙잡은 가지들이 힘에 겨운 갈증에 운다.

바람의 달리기가 북극의 전쟁터를 불러와.
새들은 햇살만의 음률에 춤을 추며 친구를 만나고,
겨울나무의 등에 기대에 입맞춤에
해지는 줄 모른다.

|해설|

‘사이/깊이’ 혹은 ‘거리距離/훈기薰氣’의 시학
—박달하의 시적 특질

백인덕 | 시인

1.

시간과 공간의 분리는 엄밀하게 말해서 ‘추상적 차원’에서만 발생한다. 가령, 인식의 차원에서 우리는 수학적 추론의 지원을 받아 시간과 공간을 각기 다른 변수로 이해하고 그 변화상을 기록할 수 있다. 물론 이때 일어나는 현상은 대부분 ‘공간의 시간화’일 뿐, 그 역逆은 산출하기가 매우 어렵다. 나는 몇 년생으로 현재 몇 살이다, 라고 말하는 것이 어떤 ‘나’에 대한 이해의 가장 손쉬운 출발점으로 여겨진다는 것이다. 이를 통해

일종의 연대기, 즉 '서사narrative'를 구성하기만 하면 우리는 쉽게 습관적으로 이해, 혹은 '의미 생성'이라는 층위로 옮겨간다. 사실, 관계가 가장 잘 드러나는 것은 수평적 차원에서 공간에 대한 탐색일 수도 있는데, 현재 일반적 상황은 시간의 흐름, 혹은 변화라는 수직적 차원에 함몰해 기억, 추억, 관계, 인과와 영향이라는 상수의 발생에서만 '의미'를 찾게 된다.

박달하 시인은 존재론적으로 '사이-거리'를 조율하면서, 시적 지향이라는 측면에서는 '깊이-훈기'가 편재遍在가 아닌 혼재渾在된 상황을 표면화하는 방법을 통해 자기만의 시 세계를 구축하고자 내밀한 시도를 거듭하고 있다.

가끔 쉼표를 찍고 다만 서 있을 때가 있다.

일체가 고요해지면 가슴은 뜨거워진다.

뒤로 물러서지 않아도 날들은 가고 있다.

뒤를 돌아보지 않는 날들 속에 나를 묻는다.

서 있으면 앞서가는 뒷모습들이 보인다.

선명히 각인된 발자욱을 따라나선다

—「서 있으면」 전문

여기서 '서 있으면'은 가정법이 아니라 확실한 근거가 된다. "다만 서 있을 때"는 순수한 시점, 혹은 정지된 시간, 순간, 찰나를 지시하지 않는다. 오히려 이 정지는 가속화 하는 시간을 따라 재빨리 흘러가기만 했던 공간, 또는 어떤 상像과 느낌의 멈춤을 의미한다. 시간에는 "일체가 고요해지면 가슴은 뜨거워"지는 현상이 발생할 리 만무하기 때문이다. 시간의 속성은 오직 그 속도, 가속화(우주도 우리 인생의 시간도 그 가속화에 종속되어 있다.) 한다는 것 외에 다른 형질은 없다. 그래서 "뒤로 물러서지 않아도 날들은 가고 있다"라는 진술은 어렵지 않게 참인 명제이다. 하지만 시인의 시 세계에서 이 명제가 중요하거나 꼭 필요한 것은 아니다. 오히려 "서 있으면 앞서가는 뒷모습들이 보인다."는 정지의 의미가 꼭 필요하고 중요하다. '앞서가는 뒷모습'은 '서 있으면'의 상관 항으로써 공간적으로 거리를 형성하면서 의미가 생성될 수 있는 '사이'를 창출한다. 즉, 서 있다는 자세가 행위를 만들지 않으면서도 의미를 생성하는 가장 중요한 요인이 된다. 움직이지 않는데 사건이 일어나는 것이다.

시인은 극도로 생략, 압축한 서사를 통해 기억을 현재 필요에 따라 소환, 호명하면서 일반적으로 기대하는 시적 의미를 생성하기도 한다.

마수걸이 천 원짜리 지폐에 침을 바른다.

바다에서 달려온 비릿한 바람이 묻는다.

반짝거리는 갈치 비늘이 따라서 들러붙는다.

올망졸망한 아이들이 알사탕 물고 웃는다.

—「아버지의 바다」 전문

시골집 텃밭에는
대장장이가 된 어머니의 불길이 산다.
척박한 땅에 끈질기게 씨앗을 뿌리는 어머니의 불꽃,
호미날의 꺼지지 않는 땀방울도 어머니의 불로 섞인다.

텃밭에 심겨진 어머니의 불덩어리는 햇볕조차 녹이니,
텃밭은 자식들이 불처럼 살아나는
어머니의 대장간이다.

—「텃밭은 어머니의 대장간이다」 전문

존재의 기원으로 '아버지/어머니'만큼 확실한 대상을 찾기 어렵다. 자기 정체성(동일성을 포함하는)의 기초인 기억도 부분적으로는 자기 자신의 신체나 감각 일부를 포섭하기는 하지만, 전체적으로는 관련 항으로써 부모와 연결되어 있다.

다시 말해, 보편적으로 모든 서사(개인적 이야기)의 출발점은 부모일 수밖에 없다.

인용한 첫 번째 작품에서 시인은 유추하지 않으면 해석될 수 없는 정보를 몇 개 나열하고 '아버지의 바다'라고 명명한다. '마수걸이', '비릿한 바람', '갈치 비늘' 등은 그 자체로는 구체적이면서 어부나 생선가게, 중매인 등 여러 명칭에 다 통용될 수 있다는 점에서 아무것도 지시하지 않는다. 그렇다면 정말 중요한 게 아닐 수도 있다. 마지막 연의 "올망졸망한 아이들이 알사탕을 물고 웃는다"가 결국 이 작품의 의미를 생성하는 심지가 되는데, 아마도 '아버지의 바다'는 알사탕을 물고 '웃는' 아이들의 행복의 원초적 근원이라는 의미에서 채택되었다고 보인다. 즉, 이 기억의 내용은 되찾고 싶은 '행복감'의 원형으로 다시 표면화된 것이다. 이는 발전해서 「아버지의 탱자나무 울타리」에 이르면 "아버지는 우리 형제를 지켜주고 싶었던 것일까./우리 속에 피는 꽃은 그래도 짙은 향내 풍겼을까./둥지 밖에서 밤 고양이는 배가 고파 밤새 울었다."는 개별화된 자아 인식으로 변모한다.

반면에 다음 작품, 「텃밭은 어머니의 대장간이다」는 직접적인 진술을 통해 구체적인 서사의 형식을 보여준다. 시골집 텃밭을 경영하는 어머니를 '대장장이가 된 어머니'라고 재인

식, 아니 새롭게 인식하게 된 순간, 시인은 "척박한 땅에 끈질기게 씨앗을 뿌리는 어머니의 불꽃"을 확실히 보게 된다. 이는 다른 작품 「어머니의 기억」의 "온몸이 뜨겁게 타는 숨은 목숨들이 멍석 위에 튄다./콩깍지에 씌웠던 날들이 마당 곳곳에 굴러다니고,/어머니는 콩알들 거두어 논두렁 밭두렁에 심으신다."는 순수한 기억의 내용과는 사뭇 다른데 이 작품에서 불꽃처럼 '뜨겁게 타는 숨은 목숨'은 단지 콩이었고 '텃밭에 심어진 어머니의 불덩어리'는 물론 각종 작물의 씨앗이겠지만 그것이 "햇볕조차 녹이"(타는 햇볕을 뚫고 발아하)는 경이를 마주하게 된다. 결국, 텃밭은 시간을 죽이거나 여유 시간을 소비하는 행위의 죽은 장소가 아니라 "자식들이 불처럼 살아나는 어머니의 대장간"이라는 것, 즉 공간에 대한 새로운 인식에 가 닿게 된다.

이처럼 박달하 시인의 이번 시집은 기존의 일반적인 의미 생성 경로를 따라 읽어도 나름의 의의를 획득할 수 있는 작품들이 있다. 하지만, 이런 유형이 주류를 형성하고 있다고 하기는 어렵다. 또한, 그 이유가 시인이 묘사나 진술, 혹은 은유와 알레고리 중에서 어느 쪽을 더 선호하는 시작 방법을 가졌는가를 따져보는 데서 잘 드러나지도 않는다. 그렇다면, 주류를 형성하는 작품들의 특질을 분석, 파악하는 것이 어쩌면 이번 시집의 개성을 찾아보는 가장 올바른 방법이 될 것이다.

2.

박달하 시인의 이번 시집을 가장 효과적으로 읽는 방법에 대해 고민을 거듭했다. 나열, 병렬, 배치, 순환 같은 대상과 주체의 관계 형성에 주목할 수도 있고, 대상에 따라 시인이 개입하는 정도(투사와 감정이입)를 분류하면서 현대적 서정성을 찾아보는 방식도 생각할 수 있었다. 오래 망설이다 다음에 인용한 작품에서 길을 찾았다.

꽃과 꽃 사이를 듣는다.
이파리와 이파리 사이를 읽는다.
붉은 바람은 사이로 불어와 나를 건드린다.

꽃이 보이고 이파리 보이면 사이는 열린다.
날리는 가시 한 톨 벌레 먹은 이파리를 뚫고,
돋보기를 통과하는 목백일홍의
붉은 속삭임.

—「목백일홍」 전문

이 작품에서 유일한 추상어는 '사이'다. '꽃', '이파리', '바람', '나', '가시', '돋보기', '속삭임' 등은 전부 (물질)명사다.

주지의 사실이지만, 명사는 즉 모든 물질은 시인이 호명呼名하고 거기에 응답應答하는 형태를 갖춰야만 비로소 '의미'가 열리는 대상이다. 다시 말해, '꽃, 이파리, 가시, 돋보기, 바람과 속삭임'은 호명하는 순간 분명하게 대상으로 자기 실체를 드러내게 된다는 것이다. 그렇다면, 이 시의 제목인 '목백일홍'이 '꽃, 이파리, 가시, 바람, 속삭임'이라는 일반화된 형질을 넘어 박달하 시인 만의 '목백일홍'이 될 수 있는 자질은 어디에 있을까. 눈 밝은 독자들은 이미 알아채셨겠지만, '사이'에 있다. '듣는다', '읽는다', '건드린다'라는 상태와 동작의 모든 근원은 사실 대상이 아니라 그것의 '사이'에서 비롯한 것이다.

시인은 자신의 존재를 시간과 공간의 변화에 따라 어떻게든 재구성되고야 마는 의미의 종합적 수동적 결정으로 이해하기 전에 변화 자체를 기록하는 시적 서판(書板)으로 세워놓는다.

이슬이 이슬일 때까지 밤은 출렁였다.
이슬이 이슬일 때까지 밤은 밤다웠다.
이슬이 이슬일 때까지 밤은 고통스러웠다.

이슬이 이슬일 때까지 밤은 향기로웠다.
아침이 오면 순식간에 사라지는 고통과 향기,
맡으며 세상은 또 하루의 시작을 열고 있다.

이슬의 맑은 얼굴 속에 숨어있는 가난,
이슬의 투명한 눈 속에 숨어있는 어둠,
이슬의 아름다운 손바닥 안에 묻어있는 우주,
모두 순식간에 사라지면 비로소 아침은 온다.

깨알글씨로 연서를 쓰는 가지에서
꽃잎이 톡톡 일어나고,
산은 닫아둔 입술을 열어 이슬을 정제한다.
뿌리를 깊게 박고 단내를 폴폴 풍기는 잔치 중이다.

―「이슬의 노래」 전문

인용 작품의 제목은 '이슬의 노래'다. 시어로 사용되는 '노래'는 찬가에서 비가까지 다양한 범위를 포괄한다. 이 작품의 경우, 특이성은 '이슬'이나 '노래'처럼 상징성이 강하게 고정된 어휘를 조합했음에도 불구하고 작품 자체에서 내용이 쉽게 고정되지 않는다는 데 있다.

1연의 경우, 1~4행까지 '이슬이 이슬일 때까지'라는 전제 아래 '출렁였다', '밤다웠다', '고통스러웠다', '향기로웠다'처럼 밤을 통과하는 이슬의 형질을 노래하지만, 2연에서는 전반부의 3행까지 '숨어 있는 가난, 숨어 있는 어둠, 묻어있는 우주'를 발견하다 '아침'을 맞아 '이슬'을 다시 발견하는 행위가 숨어 있다. 세밀하게 읽으면, 이슬에 시인이 부여했던 여러 정서적 형질들이 결국은 이슬 자체와는 아무 상관 없는 것이었음이 여실히 드러낸다. 맺히는 '이슬'을 보며 나는 현존을 앓지만, 결국 이슬의 본향인 '산'은 "뿌리를 깊게 박고 단내를 풀풀 풍기는 잔치 중"일 뿐이다. 즉, 여기에는 감정이입도 의인화도 없다. 어쩌면 한눈에 드러나기에는 너무 먼 그러나 근원적인 '사이'가 존재할 뿐이다.

시인에게 '사이'가 중요한 이유는 그 지점이 시인이 지향하는 의미가 탄생하는 '시-공간'이기 때문이다. 다시 말해, 시대나 현실의 보편성 이전에 개별, 단독자인 자기 육성을 발화할 공간이 거기이기 때문이다.

사는 일이 여행이라고 한다면
살다가 떠나는 일은 당연히 여행자의 반란이다.

반란자는 지구를 돌면서 시간을 거꾸로 돌리게 된다.
거꾸로 도는 초침 분침 사이에서
이방인들은 튀어나온다.

낯선 땅 낯선 풍경이 주는 경이로움은
거꾸로 도는 세계에서 맛보는 특별한 감동이다.

무엇으로 웃을까 무엇으로 울까 사이에도 시간은 흐르고,
스쳐가는 눈동자 스친 눈동자들이
그 사이에서 따뜻하다.

—「여행자」 전문

인용 작품은 읽기에 따라, 여행에 대한 일반적인 정의, 즉 '일상의 시간을 거꾸로 돌리는 것'이라는 현대적 캐치프레이즈에 빈틈없이 부합하는 것으로 이해될 수도 있다. 여기서 '사는 일이 여행'이라는 의미를 시간의 가속화에 따른 행위의 압박이라고 전제한다면 가능한 해석이 된다. 하지만, 이 작품에서 역시 가장 중요한 부분은 3연이다. "무엇으로 웃을까 무엇으로 울까 사이에도 시간은 흐르고"라고 시인은 자신의 시간을 인지하고 있다. 이때 '사이'는 시간의 흐름의 간격이란 표면적 의미를 드러내지만. "스쳐가는 눈동자 스친 눈동자들이 그 사이에서 따뜻하다"라는 이어진 행을 통해 '사이'가 결국은 쏜살같은 흐름이 아니라 '나와 타자'가 공유하는 겹침과 차이의 공간임이 드러난다.

3.

이번 시집을 통해서 이해하게 되는 박달하 시인의 시적

특질은 존재의 기술(재현)보다 현존의 현기眩氣를 드러내는 데 더 집중하고 있다는 점이다. 가령, '친구'를 제목에 사용했거나 중심 시어로 사용한 작품들인 「친구에게」, 「동창모임」, 「친구」 등과 그 계열이라 할 수 있는 「우리들의 나이테」, 「다짐」 등은 관계라는 측면에서 의미를 생성하는 가장 강력한 '사이'라 할 수 있다. 하지만 이 작품들은 '사이'가 있다는 것을 표면화할 뿐, 그 안의 구체적인 사건(행위)를 사상捨象함으로써 자연스러운 의미형성이라는 기대를 배반한다.

기억을 뒤적이다가 장롱 구석에 웅크린 가방을 연다.
구식이지만 다시 이야기가 살아나 보송보송 일어난다.
내 안의 나를 불러내어 꼭꼭 여몄던 단추를 푼다.

기억을 뒤적이다가 장롱 구석에 웅크린 가방을 연다.
구식이지만 다시 이야기가 살아나 보송보송 일어난다.
내 안의 나를 불러내어 꼭꼭 여몄던
단추를 푼다.

우체통 앞에서 별을 기다리다가 처연하게 넘던 고갯마루,
불 밝히며 꿈을 키웠던 청춘이 살아있는 낡은 가방이다.
손때 묻은 세월만큼 더욱 단단해진
나를 읽어본다.

—「삶에 이유를 붙인 날」 전문

인용 작품의 서사는 한눈에 드러난다. 장롱 한구석에서 '고물가방'을 찾았다는 것이다. 그런데 작품은 '기억을 뒤적이다가'라는 원인과 "불 밝히며 꿈을 키웠던 순간들이 남아 있는 고물가방"이라는 대상과 '단추를 단단히 잠가둔다'라는 결과까지 다 보여주고 있다. 즉 거의 완벽에 가까운 서사적 구조를 드러내는 것이다. 게다가 "가방의 세월만큼이나 고물이 되어가는 핏줄이 굵어진다"라는 마지막 행은 시인이 잘 행하지 않던 감정이입을 통해 대상을 자아화하고 있기도 하다. 그러나 자세히 보면, "우체통 앞에서 별을 기다리다가 치열하게 넘던 고개마루./불 밝히며 꿈을 키웠던 순간들" 작품이나 시집이라는 세계를 통해서는 전혀 해명되지 않는다. 즉, 이야기의 내용은 짐작할 수 있는데 의미와 깊이를 가늠하기가 쉽지 않다.

바로 이 곤란이 박달하 시인의 시적 특질이 비롯하는 지점이다. 시인은 '의미mean하기'를 통해 원활한 서사가 흘러나와 쉽게 공감할 수 있는 상태를 지향하지 않는다. 그것은 일반적인, 보통의 길이지만 누구나 거쳐야 할 교차로가 아닐 수도 있기 때문이다. 시인은 오히려 '자극affect하기'를 통해 현존재의 향기를 순간적으로, 여기서 함께 느껴보길 요청한다. 이번 시집에서 이 글에서 언급하지 않은 대다수 작품이

바로 이 현존의 '훈기'를 빚어내는 데 사용되고 있다고 해도 지나치지 않다. 의미를 생성해서 서로 감화하려 하지 않고, 향기를 만들어 순간 공유하는 것이 무슨 가치가 있나?

길은 길을 내어준다.
분노의 발자국 지워주고 고독한 마음도 안아준다.
언제나 맞이하면서 언제나 그 자리에 있다.

길을 볼 줄 아는 이는 스승이 되기도 하고,
마음에 등불을 달아주는 어머니가 되기도 한다.

번뇌를 주기도 하고 답을 주기도 한다.
길을 걷기만 하면 모두 경험하게 된다.

―「길을 걷기만 하면」 전문

박달하 시인은 앞에서 던진 질문, 즉 존재의 향기를 순간 퍼뜨리는 것의 가치에 대해 앞에 인용한 작품으로 대답한다. "길을 걷기만 하면 모두 경험하게 된다", 우리는 행위와 의미를 너무 우선하는 조류에 빠져 허우적대는지 모른다. 멈추거나 걷거나 그저 감각을 열어 존재의 현재를 보고, 듣고, 냄새 맡을 수도 있어야 한다. 시인은 그 말이 하고 싶었던 게 아닐까.